Jean Prouvé | **Charles & Ray Eames**

**Published 2002 on the occasion
of the introduction of the Vitra
Prouvé Collection.**

Publiziert 2002 anlässlich der Einführung
der Vitra Prouvé Collection.

*Publié en 2002 à l'occasion du
lancement de la collection Prouvé
par Vitra.*

# Jean Prouvé | Charles & Ray Eames

**Two great constructors – Parallels and differences**
Zwei grosse Konstrukteure – Parallelen und Unterschiede
*Deux grands constructeurs – Parallèles et différences*

**Constructive Furniture**
Möbel als Konstruktion
*Le mobilier construit*

Thanks to Catherine Prouvé, Eames Demetrios,
Catherine Coley (A.M.A.L, Nancy), Marta Huber-Villiger and
Benedikt Huber for their help in research and permitting
access to historical material.
We also thank Emilia Terragni and Ruggero Tropeano, who
started the project within Vitra and created the basic concept
for exhibition and booklet.

**Photography**

Hans Hansen, pages 28, 29, 33, 34, 35, 36, 41, 42, 43, 46,
52, 53, 55, 56, 57, 59, 60, 62, 68, 72, 74

Thomas Dix, pages 66, 75

Andreas Sütterlin, page 69

**Historical material Jean Prouvé**

Archives départementales de Meurthe-et-Moselle, fonds
Jean Prouvé and Catherine Prouvé, photos and sketches,
pages 10, 15, 16, 18, 21, 22, 26, 32, 40, 50, 54, 58, 59, 78

© Lucien Hervé, pages 26, 32

© Pierre Joly, page 18

A.M.A.L, Nancy, page 66

Galerie Jousse-Seguin, photo Marc Domage, page 59

**Historical material Charles and Ray Eames**

© 2002, Eames Office (www.eamesoffice.com),
pages 12, 17, 19, 23, 27, 33, 41, 51, 67, 73, 79

© Julius Shulman, page 17

Gaston Lachaise, *Floating Figure*
© 1995 Museum of Modern Art, New York, page 67

**Graphic design and concept**

Thorsten Romanus

**Text**

Ruggero Tropeano,
Mathias Remmele

**Lithography and printing**

GZD Grafisches Zentrum Drucktechnik

Prouvé Collection: Vitra owns the exclusive rights.
Eames Collection: Vitra possesses the copyright for
Europe and the Middle East. For territories outside
please contact Herman Miller.

2002, Art. Nr. 09730901

**Contents**  Inhalt  *Sommaire*

| | |
|---|---|
| 6 | Prouvé, Eames, Vitra |
| 8 | Statements Catherine Prouvé, Ray Eames |
| 10 | Biographies, Biographien, biographies |
| 14 | **Houses, Häuser, maisons** |
| 20 | **Production, Produktion, fabrication** |

**Chairs, Stühle, sièges**

| | |
|---|---|
| 24 | **Structural Supports, Tragwerke, ossatures** |
| 26 | Prouvé Standard chair |
| 27 | Eames Plastic Side Chair |
| 30 | **Shell and Structure, Schale und Struktur, coque et structure** |
| 32 | Prouvé Antony chair |
| 33 | Eames Plywood Chair, Lounge Chair |
| 38 | **Sling Seating, Bespannung, revêtement** |
| 40 | Prouvé Cité armchair |
| 41 | Eames Aluminium Chair |

**Tables, Tische, tables**

| | |
|---|---|
| 48 | **Legs and Feet, Beine und Füsse, piètement** |
| 50 | Prouvé Guéridon, tables "EM", Granito, Trapèze |
| 51 | Eames Contract Tables, Segmented Tables |

**Miscellaneous, Diverse, divers**

| | |
|---|---|
| 64 | **Organic, Organisch, organique** |
| 66 | Prouvé Coupe-papier |
| 67 | Eames La Chaise |
| 70 | **On the Wall, An der Wand, au mur** |
| 72 | Prouvé Potence |
| 73 | Eames Hang it all |
| 76 | Overview |
| 80 | Vitra Addresses |

**Prouvé, Eames, Vitra**

Jean Prouvé (1901-1984) was one of the major designers of the 20th century. Yet outside of France only a relatively small circle of collectors and the cognoscente are familiar with his oeuvre. Although there have been a few re-editions of his furniture, Prouvé's designs have never received the attention they undoubtedly deserve.

Since 1957, Vitra has devoted itself to presenting the work of Charles and Ray Eames. We regard Prouvé as the second great "constructor" of the 20th century. The differences between Eames and Prouvé are quite manifest and can be attributed to the respective technological climate in which they worked. But they share a very similar approach. For many years now, Prouvé's work has formed a key focus of the Vitra Design Museum collection, and the more we have studied his designs, the less we could avoid emphasising his importance and his affinity with Eames.

For this reason, our interest was immediately kindled when we heard that the Prouvé family was looking for a manufacturer for his furniture designs. We soon reached agreement on production as well as worldwide distribution and as of 2002 various Prouvé designs will go into series production at Vitra, namely: his Standard and Antony chairs; the Cité armchair; a luminaire; and his distinctive tables. There have been many marvellous modern chair designs, but few magnificent tables. Prouvé's tables are certainly some of the best.

Why is Vitra manufacturing products that were conceived a long time ago? As is well known, Vitra is committed to contemporary design and favours the development of new products for a new age. That said, there are products from other eras that have lost none of their glory, that remain current and unsurpassed. We have found this to be the case with the works of Charles and Ray Eames, of George Nelson, and of Verner Panton. And we are now pleased to be representing another great 20th-century designer.

Rolf Fehlbaum, October 2001

Jean Prouvé (1901-1984) ist ein grosser Gestalter des 20. Jahrhunderts. Ausserhalb Frankreichs ist er aber nur einem relativ kleinen Kreis von Sammlern und Kennern bekannt. Zwar kam es zu bescheidenen Neuauflagen, doch die Aufmerksamkeit, die Prouvés Entwürfe verdient hätten, blieb ihnen bis zum heutigen Tag versagt.

Seit 1957 widmet sich Vitra dem Werk von Charles und Ray Eames. In Prouvé sehen wir den zweiten grossen "Konstrukteur" des 20. Jahrhunderts. Die Unterschiede zwischen Arbeiten von Eames und Prouvé sind offensichtlich und bedingt durch das technologische Umfeld, in dem sie arbeiteten. Im Ansatz sind sie sich aber sehr ähnlich. Seit langem bildet Prouvé zudem einen Schwerpunkt in der Sammlung des Vitra Design Museums, und mit zunehmender Beschäftigung wurde uns seine Bedeutung und die Nähe zu Eames klar.

Deshalb war unser Interesse augenblicklich geweckt, als wir erfuhren, dass sich die Familie Prouvé nach einem Produzenten umsieht. Eine Einigung über die Produktion und die weltweite Distribution wurde gefunden und ab 2002 wird Vitra eine Reihe von Prouvé-Entwürfen in Serie produzieren: die Stühle Standard, Antony und Cité, eine Leuchte sowie seine einzigartigen Tische. In der Geschichte des modernen Möbels gibt es eine ganze Reihe grossartiger Stühle, aber nur wenige grossartige Tische. Zu den grossartigsten gehören die Tische von Prouvé.

Weshalb legt Vitra Produkte auf, die vor langer Zeit entstanden sind? Vitra fühlt sich bekanntlich dem zeitgenössischen Design verpflichtet und entwickelt vorzugsweise neue Produkte für eine neue Zeit. Aber es gibt Produkte aus anderen Zeiten, die nichts an Glanz verloren haben, die zeitgemäss und unübertroffen sind. Diese Erfahrung machten wir bereits mit Charles und Ray Eames, mit George Nelson und Verner Panton. Wir freuen uns darauf, noch eine grosse Figur des 20. Jahrhunderts vertreten zu können.

Rolf Fehlbaum, Oktober 2001

*Jean Prouvé (1901-1984) est l'un des grands créateurs du XXème siècle. Hors de France, son œuvre n'est connue que par un petit cercle de collectionneurs et de connaisseurs. Certaines réalisations ont été rééditées en petit nombre, mais les travaux de Jean Prouvé ne se sont pas vu accorder l'attention qu'ils méritaient.*

*Vitra se consacre à l'œuvre de Charles et Ray Eames depuis 1957. Nous voyons en Prouvé l'autre grand "constructeur" du XXème siècle. Les différences entre les travaux d'Eames et de Prouvé sont évidentes et liées aux environnements technologiques dans lesquels ils travaillaient. Et pourtant leur approche est similaire. Depuis longtemps, le mobilier de Jean Prouvé est l'un des piliers de la collection du Vitra Design Museum. Au fil de nos recherches sur ses réalisations, l'importance de son œuvre et les parallèles avec les travaux d'Eames nous semblent de plus en plus évidents.*

*Nous avons été très intéressés d'apprendre que la famille Prouvé était à la recherche d'un nouveau fabricant. Un accord portant sur la production et la commercialisation internationale des éditions de meubles a été conclu. Dès 2002, Vitra éditera une série de réalisations de Jean Prouvé : les chaises Standard et Antony, le fauteuil Cité, une lampe ainsi que ses tables uniques en leur genre. L'histoire du mobilier moderne compte de nombreuses chaises, mais peu de tables exceptionnelles. Celles de Jean Prouvé sont exceptionnelles à plus d'un égard.*

*Pourquoi éditer des produits qui ont été créés il y a très longtemps ? Vitra s'engage pour le design contemporain et souhaite développer de nouveaux produits pour une époque nouvelle. Il existe des créations d'une autre époque qui n'ont rien perdu de leur éclat et qui restent actuelles et inégalées. Nous avons déjà vécu cette expérience avec Charles et Ray Eames, George Nelson et Verner Panton. Nous sommes heureux de pouvoir représenter un autre grand créateur du XXème siècle.*

Rolf Fehlbaum, octobre 2001

# Catherine Prouvé

During the 1980s, Rolf Fehlbaum acquired the Antony chair by Jean Prouvé in Paris – the first object to awaken Fehlbaum's interest in the work of my father. With it, the foundation was laid for the group of works by Jean Prouvé in the Vitra Design Museum Collection.

At the beginning of the Eighties, my father was searching for a manufacturer who would make it possible for him to design new furniture – a matter of great importance to him. Unfortunately, a connection between Prouvé and Vitra did not materialise at that time. A dialogue between Rolf Fehlbaum and Prouvé would undoubtedly have been interesting and productive.

The collaboration between Vitra and the family of Jean Prouvé began in the year 2000, 16 years after my father's death. Vitra now owns the exclusive rights to all of his designs.

We especially value Vitra's finely attuned approach, uniting perceptive collaboration with great professionalism and cultural advocacy with a well-run company.

The prototypes for this new edition were developed in close co-operation with the family. Questions regarding the details, materials and colours of the first models were examined, debated and resolved in intense and conscientious discussions.

The commencement of this partnership stands under a propitious star. It continues the work of Jean Prouvé and fills us with deep satisfaction.

Catherine Prouvé, October 2001

In den achtziger Jahren erstand Rolf Fehlbaum in Paris das erste Objekt von Jean Prouvé, das sein Interesse für die Arbeiten meines Vaters geweckt hatte: den Stuhl Antony. Damit war der Grundstein für die Kollektion von Jean Prouvé in der Sammlung des Vitra Design Museums gelegt.

Anfang der achtziger Jahre war mein Vater auf der Suche nach einem Hersteller, der ihm ermöglicht hätte, neue Möbel zu entwerfen; das war ihm ein grosses Anliegen. Leider fand die Begegnung Prouvé / Vitra damals nicht statt. Zweifellos wäre der Dialog zwischen Rolf Fehlbaum und ihm interessant und produktiv gewesen.

Im Jahr 2000, 16 Jahre nach dem Tod meines Vaters, begann die Zusammenarbeit zwischen Vitra und der Familie von Jean Prouvé. Vitra besitzt nun die Exklusivrechte an seinen Entwürfen. Ganz besonders schätzen wir die Sensibilität, die einfühlsame Zusammenarbeit mit grosser Professionalität sowie kulturelles Engagement mit einem gut funktionierenden Unternehmen vereint.

Die Prototypen dieser neuen Editionen wurden in enger Abstimmung gemeinsam mit uns entwickelt. Fragen über Details, Materialien und Farben der ersten Modelle wurden in intensiven Gesprächen gewissenhaft geprüft, erörtert und geklärt.

Der Beginn dieser Partnerschaft steht unter einem guten Stern. Sie führt das Werk von Jean Prouvé fort und erfüllt uns mit tiefer Zufriedenheit.

Catherine Prouvé, Oktober 2001

Dans les années 80, Rolf Fehlbaum acquérait à Paris le premier objet d'une passion : une chaise Antony de Jean Prouvé. C'était le point de départ de la très belle collection du Vitra Design Museum.

Au tout début des années 80, Jean Prouvé cherchait activement l'entreprise qui lui permettrait de créer à nouveau des meubles, ce qui lui tenait tant à cœur. La rencontre Prouvé / Vitra ne s'est pas faite à ce moment là, on ne peut que le regretter. Il ne fait aucun doute que le dialogue aurait été excellent entre Rolf Fehlbaum et Jean Prouvé.

Cependant, l'an 2000 a marqué l'engagement mutuel de Vitra et de la famille de Jean Prouvé : désormais Vitra est le détenteur exclusif des éditions de meubles Jean Prouvé. Nous avons particulièrement apprécié un état d'esprit qui allie la qualité de la relation à un grand professionnalisme, la volonté culturelle au bon fonctionnement de l'entreprise.

Les prototypes de ces nouvelles éditions se sont étudiés en accord avec nous dans de très bonnes conditions. Détails et matériaux, couleurs des premiers modèles ont fait l'objet d'interrogations, de mises au point et d'échanges efficaces et précis.

Ce partenariat qui démarre dans de si bonnes conditions et prolonge l'œuvre de Jean Prouvé est pour nous une grande satisfaction.

Catherine Prouvé, octobre 2001

## Ray Eames

It has been a great pleasure to be in Paris and to be a part of the announcement of Vitra taking over the task of producing our furniture for Europe.

I feel it could not be in better hands, for Rolf Fehlbaum has been an old and dear friend of us for many years and his sensitivity and concern is well understood. We share a respect for quality and service to the consumer.

Ray Eames, January 1986

Es hat mich sehr gefreut, bei der offiziellen Präsentation in Paris teilzunehmen, bei der Vitra als Hersteller unserer Produkte für ganz Europa vorgestellt wurde.

Diese Aufgabe kann nicht in besseren Händen sein. Rolf Fehlbaum ist seit vielen Jahren ein guter, lieber Freund von uns. Wir schätzen seine Sensibilität und sein Interesse. Unser gemeinsames Anliegen ist die Qualität und der Service den Kunden gegenüber.

Ray Eames, Januar 1986

J'ai été très heureuse de participer à la présentation officielle à Paris au cours de laquelle Vitra a été présenté comme le fabricant de nos produits pour toute l'Europe.

Cette tâche ne pouvait être en de meilleures mains : Rolf Fehlbaum est depuis longtemps pour nous un bon et fidèle ami. Nous apprécions sa sensibilité et son intérêt. Notre objectif commun est de veiller à la qualité et d'assurer la satisfaction de nos clients.

Ray Eames, janvier 1986

Letter from Ray Eames to Rolf Fehlbaum, 1986

Prouvé

# Jean Prouvé

Jean Prouvé, 1937

**In the realms of design, architecture, and engineering, the Frenchman Jean Prouvé (1901-1984) occupies a place among the most versatile and innovative minds of the 20th century. His unique oeuvre, which was greatly admired by influential contemporaries such as Le Corbusier, ranges from a letter-opener to hardware for doors and windows, lighting, furniture, facade elements, pre-fabricated houses, modular building systems, and large-scale conference and exhibition halls – virtually anything that can be constructed and lends itself to industrial production methods. Prouvé, who began his career as a smith, is regarded today as one of the leading pioneers in the development of series production furniture, pre-fabricated architectural components, and the industrialised building trade. His work as a designer, but also as an entrepreneur and manufacturer (until 1954 he ran his own workshops and production facilities) was driven by the goal of finding novel and modern solutions to the problems of building and daily living. Prouvé, who always regarded himself as a constructeur, evidently assigned a subordinate role to the formal considerations of design. The primary aim of his design and development work was to unite the aspects of utility, material authenticity, and economy (minimal material resources and the simplest mode of construction) with the complex prerequisites of series production. In the process, he almost always achieved aesthetically convincing results, which explains his significance today, particularly in the area of design. Given this assessment, it is hardly surprising that numerous architects and designers list Prouvé as one of the figures who have influenced and inspired them with his unique body of work – among them Renzo Piano, Jean Nouvel, and Norman Foster.**

Im Bereich des Designs, der Architektur und der Ingenieurkunst zählt der Franzose Jean Prouvé (1901-1984) zu den vielseitigsten und innovativsten Köpfen des 20. Jahrhunderts. Sein einzigartiges Werk, dem so bedeutende Zeitgenossen wie Le Corbusier höchste Bewunderung zollten, umfasst vom Brieföffner über Tür- und Fensterbeschläge, Leuchten, Möbel, Fassadenelementen, Fertighäusern, modularen Bausystemen bis hin zu grossen Messe- und Ausstellungsbauten fast alles, was sich konstruieren lässt und nach einer industriellen Fertigungsmethode verlangt. Prouvé, der seine Karriere als Kunstschmied begann, gilt heute als einer der wichtigsten Pioniere für die Serienfertigung von Möbeln, die Vorfabrikation von Architekturelementen und die Industrialisierung des Bauens. Sein Schaffen als Entwerfer, aber auch als Unternehmer und Produzent seiner Arbeiten – bis 1954 verfügte er über eigene Werkstätten bzw. Fertigungsanlagen – war geprägt von der Suche nach neuartigen und zeitgemässen Lösungen für die Probleme des Bauens und Wohnens. Formale Fragen der Gestaltung schienen dabei für Prouvé, der sich zeit seines Lebens als "Konstrukteur" begriffen hat, nur eine nachgeordnete Rolle zu spielen. Das vorrangige Ziel seiner Entwurfs- und Entwicklungsarbeit war es, Aspekte der Nützlichkeit, der Materialgerechtigkeit und der Ökonomie (möglichst geringer Materialaufand, möglichst einfache Konstruktion) mit den komplexen Anforderung einer Serienproduktion in Einklang zu bringen. Dabei gelangen ihm fast durchweg auch ästhetisch überzeugende Lösungen, worauf sich seine heutige Bedeutung, vor allem im Bereich des Möbeldesigns, wesentlich gründet. Vor diesem Hintergrund verwundert es nicht, dass zahlreiche Architekten und Designer Prouvé zu ihren Vorbildern rechnen und sich von seinem einzigartigen Schaffen inspirieren lassen – so Renzo Piano, Jean Nouvel und Norman Foster.

*Jean Prouvé (1901-1984) compte parmi les personnalités les plus polyvalentes et innovatrices du XXème siècle dans le domaine du design, de l'architecture et de l'ingénierie. Son œuvre unique, que des contemporains aussi remarquables que Le Corbusier admirèrent, englobe presque tout ce qui peut être construit et requiert une technique de fabrication industrielle, du coupe-papier aux grands halls d'exposition en passant par les ferrures de portes et de fenêtres, luminaires, meubles, panneaux de façade, maisons préfabriquées et systèmes de construction modulaires. Jean Prouvé, qui débuta sa carrière comme ferronnier d'art, est considéré aujourd'hui comme l'un des principaux pionniers de la fabrication en série de meubles, de la préfabrication d'éléments architecturaux et de l'industrialisation du bâtiment. Son activité de créateur, mais aussi d'entrepreneur et de producteur de ses œuvres – il disposa, jusqu'en 1954, de ses propres ateliers et installations de production – était marquée par la recherche de solutions novatrices et modernes aux problèmes du bâtiment et de l'habitat. Les aspects formels ne semblaient jouer qu'un rôle secondaire pour Jean Prouvé, qui se considéra sa vie durant comme "constructeur". L'objectif principal de son activité de créateur était de concilier les aspects d'utilité, de respect du matériau et d'économie (quantité de matériau aussi réduite que possible, construction aussi simple que possible) avec les exigences complexes de la production en série. Ses solutions, presque toutes caractérisées par leur dimension esthétique, sont la base essentielle de son importance, avant tout dans le domaine du design mobilier. Il n'est donc pas étonnant que nombre d'architectes et de designers, tels que Renzo Piano, Jean Nouvel et Norman Foster, comptent Jean Prouvé parmi leurs modèles et s'inspirent de son œuvre unique.*

## Charles & Ray Eames

Charles and Ray Eames, 1948

History will remember the work of Charles and Ray Eames as one of the last century's most fruitful collaborations. In work spanning four decades, they created a series of groundbreaking films, buildings, and exhibitions, in addition to their prolific output in furniture.
Charles Eames was born in St. Louis, Missouri, in 1907. Trained as an architect, he began experimenting with furniture at the Cranbrook Academy of Art, where he collaborated with Eero Saarinen in 1940 on a series of plywood chairs, tables, and storage units. Ray Eames, born Bernice Alexandra Kaiser in Sacramento, California, in 1922, studied with the German painter Hans Hofmann in New York and Provincetown during the 1930s. Charles and Ray Eames met at Cranbrook in 1940; they married in 1941 and moved to Los Angeles, inaugurating a career that would fundamentally change the face of design and the role of the designer.
Charles and Ray Eames continued to experiment with moulded plywood during World War II, when they applied techniques they developed making chair prototypes to the construction of splints for the U.S. Army. The successful mass production of the splints, which exploited the strength and flexibility of an inexpensive material, paved the way for making moulded plywood furniture after the war. Working with Herman Miller in the U.S. and later with Vitra in Europe, the Eameses went on to explore other modern materials and processes. Over the next 25 years, they generated a series of revolutionary furniture designs that combined Charles architectural training with Ray's passion for painting and sculpture. Since the death of Charles in 1978 and Ray in 1988, the world has continued to be furnished with their remarkable objects and illuminated by their humane vision.

In die Geschichte wird das Werk von Charles und Ray Eames als das Ergebnis einer der fruchtbarsten Kooperationen des letzten Jahrhunderts eingehen. In den vier Jahrzehnten ihrer Zusammenarbeit sind neben den bekannten Möbeln ausserordentliche Filme, Bauten und Ausstellungen entstanden. Charles Eames wurde 1907 in St. Louis, Missouri, geboren. Nach seiner Ausbildung als Architekt begann er, an der Cranbrook Academy of Art mit Möbeln zu experimentieren. 1940 arbeitete er zusammen mit Eero Saarinen an einer Serie von Schichtholzstühlen, Tischen und Schrankelementen. Ray Eames, 1912 in Sacramento, Kalifornien, als Bernice Alexandra Kaiser geboren, studierte in den 30er Jahren bei dem deutschen Maler Hans Hofmann in New York und Provincetown. Charles und Ray Eames lernten sich 1940 in Cranbrook kennen – sie heirateten 1941 und zogen zusammen nach Los Angeles. Dort begannen sie ihre gemeinsame Karriere, die das Design und das Rollenverständnis des Designers fundamental verändern sollte.

Auch während des Zweiten Weltkriegs setzten Charles und Ray die Experimente mit verformtem Schichtholz fort. Sie übertrugen Techniken, die sie für ihre Stuhlprototypen erprobt hatten, auf die Entwicklung von Beinschienen für die US-Army. Die erfolgreiche Serienproduktion dieser Schienen, für die sie die Festigkeit und Flexibilität des preiswerten Werkstoffs nutzten, ebnete nach dem Krieg den Weg für die Fertigung von Möbeln aus verformtem Schichtholz. In ihrer Zusammenarbeit mit Herman Miller in den Vereinigten Staaten und später mit Vitra in Europa erprobten und testeten sie dann auch andere neuartige Werkstoffe und Produktionsverfahren. So entstanden in den nächsten 25 Jahren eine ganze Reihe revolutionärer Möbelentwürfe, die Charles' architektonischen Ansatz mit Rays Begeisterung für Malerei und Bildhauerei verbanden. 1978 ist Charles gestorben und zehn Jahre später, 1988, Ray. Doch auf der ganzen Welt richten sich Menschen noch immer mit ihren Objekten ein und lassen sich von ihren humanen Visionen inspirieren.

*L'histoire se souviendra de l'œuvre de Charles et Ray Eames comme de l'une des collaborations les plus fructueuses du XXème siècle. Durant les 40 années de travail en commun, ils ont créé des films, construit des bâtiments, organisé des expositions incomparables, venant s'ajouter à leur considérable production de meubles. Charles Eames est né à St. Louis, Missouri, en 1907. Architecte de formation, il expérimente avec le meuble à la Cranbrook Academy of Art, où , dès 1940, il travaille avec Eero Saarinen à une série de chaises et tables en bois stratifié et des unités de rangement.*
*Ray Eames, née Bernice Alexandra Kaiser à Sacramento, Californie, en 1912, étudie dans les années 30 avec le peintre allemand Hans Hofmann à New York et Princetown. Charles et Ray se rencontrent à Cranbrook en 1940 ; ils se marient en 1941, déménagent à Los Angeles, où ils débutent une carrière qui allait changer radicalement le design et le rôle du designer. Charles et Ray poursuivent leurs recherches sur le bois stratifié façonné. Pendant la deuxième guerre mondiale, appliquant leurs techniques de fabrication de chaises, ils développent pour l'armée américaine des attelles de jambes. Le succès de la production de masse de ces attelles, mettant à profit la solidité et la souplesse d'un matériau bon marché, ouvre la voie à la fabrication des meubles en bois stratifié façonné après la guerre. Les Eames, en collaboration tout d'abord avec Herman Miller aux Etats-Unis et plus tard avec Vitra en Europe, explorent d'autres matériaux et processus modernes. Au cours des 25 années suivantes, ils donnent naissance à la compétence architecturale de Charles et à la passion de Ray pour la peinture et la sculpture. Avec la mort de Charles Eames en 1978 puis celle de Ray en 1988 l'attrait pour ces objets remarquables ne s'est pas éteint et leur approche humaniste du monde ne cesse d'inspirer les hommes.*

**Houses** Häuser *Maisons*

Construction element, detail of Maison Prouvé

## Maison Prouvé, 1954

A structure that is lightweight and flexible, simple and practical, assembled in a short amount of time with industrially produced or prepared materials and requiring minimal financial resources – these principles can be regarded as a summary description of Prouvé's concept for a single-family home. Ideally, it would be mass produced upon the basis of a modular system that could be adapted to fulfil a variety of different requirements. With his own house in Nancy, Prouvé was able to achieve these aims in an exemplary way, in spite of difficult circumstances. "My house," he acknowledged, "is constructed out of discarded material." The material he was referring to were facade components salvaged from the factory he had just lost, structural units in which he had combined functions such as lighting, ventilation, and insulation. These units form the basis of his house. It is an assemblage of standardised parts, combined in an additive way to create a simple plan based upon functional considerations. The result is better understood as the manifestation of a specific approach to building than as an aesthetic manifesto. The simple charm of its construction makes it convincing.

Leicht und flexibel in seiner Struktur, einfach und zweckmässig konstruiert, in kürzester Zeit zusammenmontiert aus industriell hergestellten bzw. bearbeiteten Materialien, mit möglichst geringem wirtschaftlichen Aufwand zu bauen – mit solchen Kurzformeln lässt sich Prouvés Konzept für ein Einfamilienhaus umreissen. Idealerweise wäre es ein Serienprodukt auf der Basis eines modularen Systems, mit dem sich verschiedene Bedürfnisse erfüllen liessen. Mit dem eigenen Haus in Nancy konnte Prouvé diese Forderungen beispielhaft einlösen – selbst unter erschwerten Bedingungen. „Mein Haus" so bekannte er, „ist aus Resten konstruiert." Die Reste, das waren einige aus seiner eben verlorenen Fabrik gerettete Fassadenelemente, in denen Prouvé Funktionen wie Belichtung, Belüftung und Dämmung zusammengefasst hat. Aus ihnen ist das Haus aufgebaut. Eine Assemblage aus Standardteilen, addiert und gruppiert nach einem einfachen, von der Funktion geleiteten Plan. Das Ergebnis will eher als Demonstration einer Haltung denn als ästhetisches Manifest gelesen werden. Es überzeugt durch die schlichte Anmut der Konstruktion.

*Une structure légère et souple, une construction simple et fonctionnelle, un montage rapide à l'aide d'éléments fabriqués ou traités à l'échelle industrielle, des coûts aussi réduits que possible, voici quelques mots-clés qui caractérisent la conception de Jean Prouvé d'une maison d'habitation individuelle. L'idéal serait un produit en série conçu sur la base d'un système modulaire permettant de répondre à des besoins diversifiés. Jean Prouvé a satisfait de manière exemplaire ces exigences lors de la construction de sa propre maison à Nancy, bien que dans des conditions particulièrement difficiles. "Ma maison" disait-il "est faite d'éléments de récupération". Ces éléments de récupération étaient quelques-uns des panneaux de façade produits dans son usine qu'il venait de quitter, dans lesquels Prouvé avait réuni les fonctions d'éclairage, d'aération et d'isolation. C'est à l'aide de ces éléments qu'il a construit sa maison. Un assemblage de pièces standardisées, ajoutées les unes aux autres et regroupées selon un plan simple guidé par des critères de fonctionnalité. Il faut considérer le résultat plutôt comme la démonstration d'un état d'esprit que comme un manifeste esthétique. Il convainc par l'élégance sobre de la construction.*

Maison Jean Prouvé, Nancy, 1954

Foundation

## Eames House, 1949

The Case Study House Program was the legendary design project sponsored by the American journal Arts & Architecture in the 1940s with the goal of developing prototypes for post-war residential housing. The homes were to be financially accessible to the general public, combining modern technology with contemporary design. Inspired by this challenge, Charles and Ray Eames created the masterpiece of the series, Case Study House #8. The house is comprised almost exclusively of standardised, industrially mass-produced and pre-fabricated architectural components, utilised like a set of building blocks. However, the parts are assembled to create a customised floor plan based upon individual requirements. The structural steel frame, which was erected in a mere one and a half days, remains visible wherever feasible. Walls, ceilings, roof – everything is as thin and light as possible. "Skin and skeleton"– a mode of architecture in the Miesian tradition, but free of the German master's purism. The Eames house has been called a collage, and it is indeed a combination and composition – of spaces, materials, colours, and textures. Its appeal lies in the successful synthesis of technology and art, in the creation of a unique work of architecture from mass-produced parts.

Case Study House – die legendäre Aktion einer amerikanischen Architekturzeitschrift in den 40er Jahren mit dem Ziel, Prototypen für den Wohnungsbau der Nachkriegszeit zu entwickeln. Häuser, die moderne Technik mit zeitgemässer Form verbinden und für breite Bevölkerungskreise erschwinglich sein sollten. Eine Herausforderung für Charles und Ray Eames, die mit dem Case Study House #8 das Meisterstück dieser Reihe schufen. Dem Haus liegt das Baukastensystem zugrunde. Es besteht fast ausschliesslich aus vorgefertigten Bauteilen, aus standardisierten Industrie- und Serienprodukten. Ihre Montage aber erfolgte nach individuellem Plan und Bedürfnis. Die konstruktive Struktur aus Stahl, die in knapp eineinhalb Tagen errichtet wurde, bleibt sichtbar wo immer es geht. Wände, Decken und Dach – alles wirkt so dünn und leicht wie nur möglich. „Skin and Skeleton" – eine Architektur ganz im Mies'schen Sinn, aber ohne dessen Purismus. Eine Collage hat man das Haus genannt, tatsächlich ist es eine Kombination und Komposition – von Räumen, Materialien, Farben und Texturen. Sein Reiz liegt in der Verschmelzung von Technologie und Kunst, in der geglückten Synthese von Serie und Unikat.

"Case Study House", tel fut le nom de l'action légendaire d'une revue d'architecture américaine dans les années 40 qui s'était donné pour objectif le développement de prototypes pour la construction d'habitations de l'après-guerre. Des maisons alliant les technologies modernes à des formes contemporaines et qui devaient être accessibles à de larges couches de la population. Un défi pour Charles et Ray Eames qui signèrent avec la Case Study House #8 le chef-d'œuvre de cette série. La maison est construite selon un principe de modules. Elle est essentiellement composée de pièces préfabriquées, d'éléments industrialisés et de produits en série standardisés. Le montage de ces pièces fut toutefois réalisé selon un plan et des besoins individuels. La structure en acier de la construction, qui fut érigée en une journée et demi à peine, a été laissée visible partout où cela était possible. Les murs, les plafonds et le toit présentent un aspect aussi mince et léger que possible. "La peau et le squelette" (Skin and Skeleton), une architecture qui se situe dans la lignée de Mies van der Rohe, exception faite de son purisme. Cette maison a été caractérisée de "collage"; il s'agit plutôt d'une combinaison et d'une composition de multiples pièces, de matériaux, de couleurs et de textures. Son charme réside dans la fusion harmonieuse des technologies et de l'art, dans la synthèse réussie entre la production de série et la pièce unique.

Eames House, Santa Monica, view from the southwest, 1950

Charles and Ray Eames on the steel frame of their house

Jean Prouvé in his house, 1958

Charles and Ray Eames in their living room, 1957

# Production Produktion *Fabrication*

Working process in the factory of Jean Prouvé

## Prouvé and Maxéville, 1947-1954/56

Jean Prouvé was a craftsman first. Metal remained the preferred working material of this trained blacksmith. His intimate knowledge of the material and processing methods formed the foundation of his work in construction and production. In his factory in Maxéville, he was able to achieve an ideal: the close connection between design office, workshop, and production. The importance he ascribed to this constellation is outlined in his following description of the "working process" (1969):
a) a novel design idea initiates a new piece, whether it relate to furniture or some kind of construction
b) technical sketches provide the basis for immediate dialogue with the workers who will be developing and producing the piece
c) prototype or model
d) analyses, experiments, tests, corrections. An exact drawing is produced only after completion of this phase.
"Drawing and re-drawing is more expensive in the long run than building a prototype. A good draughtsman should have experience in the workshop before beginning with the drawings, since he may otherwise end up in despair over a blank sheet of paper."

Jean Prouvé kam vom Handwerk her. Als gelernter Kunstschmied blieb Metall sein bevorzugter Werkstoff. Seine profunde Kenntnis des Materials und der Bearbeitungstechniken bildeten die Grundlage für seine Arbeit als Konstrukteur und Produzent. In seiner Fabrik in Maxéville konnte er ein Ideal verwirklichen: die enge Verbindung zwischen Konstruktionsbüro, Werkstatt und Produktion. Die Bedeutung, die er dieser Konstellation beimass, erläuterte er 1969 mit einer Beschreibung des „Arbeitsprozesses":
a) Am Anfang steht eine Entwurfsidee – sei es für ein Möbelstück, sei es für eine Konstruktion.
b) Technische Skizzen bilden die Grundlage für einen sofortigen Dialog mit den ausführenden Mitarbeitern.
c) Prototyp oder Modell.
d) Analysen, Versuche, Tests, Korrekturen. Erst nach Abschluss dieser Phase wird eine exakte Zeichnung angefertigt.
"Ewig nur zu zeichnen kommt teurer als ein Prototyp. Ein guter Zeichner sollte Erfahrungen in der Werkstatt machen, bevor er mit dem Zeichnen anfängt und vor dem leeren Blatt verzweifelt."

*Jean Prouvé avait ses racines dans l'artisanat. Le métal restera toujours le matériau préféré de ce ferronnier d'art. Ses connaissances profondes du matériau et des techniques de travail furent à la base de son travail de constructeur et de producteur. Son usine à Maxéville lui permit de réaliser son idéal : une étroite liaison entre un bureau d'études, un atelier et une unité de production. Dans une description du "procédé de travail" datant de 1969, il résume les différentes étapes de ce mode de travail concerté :*
*a) (Tout commence par) Une idée, qu'il s'agisse d'un meuble, ou d'une construction.*
*b) Par des croquis très techniques, immédiatement, dialogue avec les collaborateurs exécutants.*
*c) Prototype ou maquette.*
*d) Constatations, essais, mise à l'épreuve, corrections, et seulement après, on dessine pour planifier.*
*„Le dessin éternisé coûte plus cher que le prototype. Le bon dessinateur est passé, ou doit passer par les ateliers avant d'en arriver à se désespérer devant le papier."*

Factory hall

Jean Prouvé, T. Carim and an Australian architect in Maxéville, 1950

## Eames Office, 1943-1988

The office of Charles and Ray Eames at 901 Washington Boulevard in Venice, California, was initially a development and production workshop of "Evans Molded Plywood Division." During World War II, experiments with three-dimensionally formed wood laminates were carried out there. The first actual product of these experiments was a moulded-plywood leg splint delivered to the U.S. Navy. The experience and knowledge gained through this development work were applied to civilian uses even during the war. In 1945, Charles and Ray Eames designed and built the first pieces of moulded-plywood furniture that could be produced in series. Shortly afterwards, production had to be moved to an external location. Throughout its long existence, the Eames Office remained an extremely creative design and development laboratory.

Das Büro von Charles und Ray Eames in Venice, 901 Washington Boulevard, war zunächst eine Entwicklungs- und Produktionswerkstätte der „Evans Molded Plywood Division". Während des 2. Weltkrieges wurden dort Versuche mit dreidimensional verformtem, schichtverleimtem Sperrholz gemacht. Das erste unmittelbar verwertbare Ergebnis der Experimente stellte eine hölzerne Beinschiene dar, die an die US-Navy geliefert wurde. Die bei dieser Entwicklungsarbeit gewonnenen Erfahrungen und Kenntnisse kamen aber schon während des Krieges auch zivilen Zwecken zugute. 1945 entwarfen und realisierten Charles und Ray Eames ihre ersten serientauglichen Möbel aus dreidimensional verformtem Sperrholz. Die Produktion musste bald danach ausgelagert werden. Das Eames Office aber blieb bis zu seiner Auflösung ein überaus kreatives Entwurfs- und Entwicklungslabor.

Le bureau de Charles et Ray Eames à Venice, 901 Washington Boulevard, était avant tout l'atelier de conception et de fabrication de la société "Evans Molded Plywood Division". Au cours de la seconde Guerre mondiale, ils y réalisèrent des essais avec du contreplaqué lamellé-collé moulé en trois dimensions. Le premier résultat de ces expériences à trouver une utilisation réelle fut une attelle en bois destinée à la US-Navy. Mais l'expérience et les connaissances accumulées au cours de ce travail expérimental furent également utilisées à des fins civiles pendant la guerre. En 1945, Charles et Ray Eames créèrent et réalisèrent leurs premiers meubles en contreplaqué moulé en trois dimensions, aptes à la fabrication de série. La production dut ensuite être délocalisée. L'Eames Office resta toutefois jusqu'à sa fermeture un atelier de conception et de développement très créatif.

Eames Office, Venice

Evans Molded Plywood Division staff, 1943

# Chairs  Stühle  Sièges

## Structural Supports

A chair's construction must meet the highest physical demands. For the frame of a seat must not only withstand the pressure exerted by vertical weight, but a variety of dynamic stresses as well. Rocking, turning, tipping motions and other asymmetrical pressures challenge the static strength of a chair. Its structural stability is measured in terms of the resilience with which its actual form counters the effects of usage and the resulting wear and tear. An intriguing consideration is whether the mere appearance of a chair can – or should – communicate the robustness of its construction.

## Tragwerke

Die Konstruktion eines Stuhles muss höchsten Beanspruchungen genügen. Denn nicht allein statische Lasten wirken auf das Tragwerk von Sitzmöbeln ein, sondern auch eine Vielzahl von dynamischen Kräften. Schwingungen, Drehungen, Kippbewegungen und andere asymmetrische Belastungen setzen der Statik eines Stuhles zu und stellen sie auf die Probe. Die Stabilität der Konstruktion wird gemessen an der Widerstandskraft, die ihre konkrete Form der Nutzung und der daraus resultierenden Belastung entgegensetzen kann. Bemerkenswert scheint die Frage, ob bereits die blosse Anmutung eines Stuhles die Belastbarkeit seiner Konstruktion verdeutlichen kann und soll.

## Ossatures

*La structure d'un siège doit répondre aux sollicitations les plus élevées. En effet les charges statiques ne sont pas les seules à exercer une pression sur l'ossature des sièges, un grand nombre de forces dynamiques agissent également. Les vibrations, rotations, basculements et autres charges asymétriques représentent autant d'exigences en matière de statique et mettent celle-ci à l'épreuve. La stabilité de la structure se mesure à la force de résistance qui peut opposer à cette action sa forme d'utilisation concrète et la charge en résultant. La question qui se pose est de savoir si la simple élégance d'un siège peut et doit rendre visible la charge admissible pour sa structure.*

## Standard chair, 1934

Due to the weight distribution in the human anatomy, the pressure upon a chair is greatest at the point where it carries the weight of the torso – as a rule, on the back half of the seat. This means that the back legs of a classic, four-legged chair receive a large part of the sitter's weight and transfer the vertical pressure to the floor. While this is certainly no novel discovery in the design and construction of seating, no other piece of furniture so clearly demonstrates this principle as Prouvé's Standard chair, which in fact conveys an impression of absolute stability. While slender pieces of steel tubing adequately meet the lesser demands upon the front legs, the back legs are shaped into comparatively wide hollow volumes, since they must also absorb the pressures applied to the chair's back. The profile view of the back legs, with their entasis-like swell where they meet the seat, precisely illustrates the reception and subsequent transmission of pressure to the floor.

Bedingt durch die menschliche Anatomie ist die Belastung eines Stuhles dort am grössten, wo er das Gewicht des Oberkörpers aufnehmen muss. In der Regel also auf der hinteren Hälfte der Sitzfläche. Dies bedeutet, dass bei einem klassischen, vierbeinigen Stuhl die hinteren Beine einen Grossteil der Last übernehmen und zum Boden weiterleiten müssen. Nie ist diese gewiss nicht neue Erkenntnis in der Formgebung und Konstruktion eines Sitzmöbels so prägnant zum Ausdruck gebracht worden, wie in Prouvés Standard, der in der Tat den Eindruck vollkommener Stabilität vermittelt. Während für die relativ schwach belasteten Vorderbeine ein Stahlrohr genügt, sind die hinteren Beine, die auch die auf die Rückenlehne einwirkenden Kräfte absorbieren müssen, als vergleichsweise voluminöse Hohlkörper ausgebildet. Ihr zunächst breiter werdendes, dann sich wieder verjüngendes Profil illustriert präzise die sukzessive Einleitung der Belastung und ihre Weitergabe an den Fussboden.

En raison de l'anatomie du corps humain, la charge exercée sur la chaise est la plus importante là où elle doit supporter le poids du buste. Cette partie est en général située sur la moitié arrière de l'assise. Ceci signifie que sur un siège classique à quatre pieds, les pieds arrières supportent une grande partie de la charge qu'ils doivent transmettre au sol. Cette constatation, pourtant loin d'être nouvelle, n'avait jamais été exprimée de manière aussi concise dans le modelage de la forme et la structure d'un siège que l'a fait Jean Prouvé avec sa chaise Standard. La chaise éveille en effet une impression de stabilité absolue. Tandis qu'un tube d'acier est suffisant pour les pieds avants qui supportent une charge relativement faible, les pieds arrières qui doivent également absorber les forces agissant sur le dossier sont conçus comme des corps creux volumineux. Leur profil qui commence par s'élargir avant de se rétrécir illustre avec précision la répartition successive de la charge et sa transmission au sol.

Standard chair 1950

Catalogue cover of S. Simon, Paris, 1950

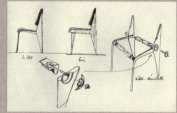

Chair dismounted, wooden version collapsible, Type 301, ca. 1950
Sketches by Jean Prouvé of different versions of the Standard chair

## Eames Plastic Side Chair DSR (Dining Side Chair Rod), 1950

The wire base, made of bent and rigidly welded steel rod, reflects the principles of three-dimensional truss construction. Its predecessors can be found in early American wire chairs or in lightweight, foldable fishing stools. The appeal of this intelligent construction lies primarily in the contradiction between the appearance of lightness or even fragility, and actual physical strength. All of the stress exerted upon the chair is delivered to four rather closely situated connecting points between the shell's underside and the base. The diverging diagonal slant of the legs prevents the chair from tipping easily. Asymmetrical pressure applied to any one of the legs is absorbed and distributed by the truss structure.

Das Untergestell aus biegesteif verschweisstem und gebogenen Stahldraht funktioniert nach dem Prinzip des räumlichen Fachwerkes. Es hat seine Vorläufer in frühen amerikanischen „wire-chairs" sowie in leichten, klappbaren Fischersitzen. Der Reiz der ausgefeilten Konstruktion beruht in erster Linie auf dem Widerspruch zwischen der optischen Leichtigkeit, ja Fragilität und der tatsächlich erreichten Stabilität. Die gesamte Last, der der Stuhl bei Benutzung ausgesetzt ist, wird durch vier relativ eng beieinanderliegende Verbindungspunkte unterhalb der Sitzschale in das Gestell eingeleitet. Die nach aussen geneigte Stellung der Beine verhindert ein leichtes Kippen des Stuhles. Eine asymmetrische Belastung einzelner Stuhlbeine wird durch das Fachwerk absorbiert bzw. verteilt.

*Le piètement en fil d'acier rigide soudé et courbé fonctionne comme un treillis en trois dimensions. Ce siège s'inspire des anciennes „wire-chairs" (chaises en fil d'acier) américaines ainsi que des légers tabourets pliants des pêcheurs. Le charme de la structure très élaborée réside en premier lieu dans la contradiction qui existe entre l'impression optique de légèreté, quasi de fragilité et la stabilité effective du siège. La charge totale qui s'exerce sur le siège lors de son utilisation est transmise au piètement par quatre points de jonction situés sous la coque d'assise et relativement rapprochés les uns des autres. L'inclinaison des pieds vers l'extérieur empêche le basculement du siège. Une charge asymétrique exercée sur l'un des pieds du siège est absorbée ou répartie par le treillis.*

Charles Eames, 1951, celebrating his birthday

Immaculate Heart College sisters, 1958
Eiffel Tower base

Standard chair

Eames Plastic Chair

**Chairs** Stühle Sièges

## Shell and Structure

There are several options for the connections between a seat shell and its supporting frame. If maximum stability is the goal, then both shell and base should be as rigid as possible. Accordingly, the connecting points between them should be uniform and allow, at the most, controlled flexibility. But if, on the contrary, a differentiated response to various stresses is expected of the chair as a whole, then it is advantageous to divide the shell into separate parts and to design flexible connections corresponding to functional requirements.

## Schale und Struktur

Für die Verbindung von Sitzschalen und tragender Struktur ergeben sich mehrere Möglichkeiten. Ist ein Höchstmass an Stabilität gefordert, sollten sowohl die Schale als auch das Tragwerk in sich möglichst steif konstruiert sein. Die Verbindungspunkte der beiden Elemente sind einheitlich gestaltet und erlauben allenfalls eine kontrollierte Elastizität. Ist hingegen eine differenzierte Reaktion des gesamten Stuhlkörpers auf unterschiedliche Beanspruchungen das Ziel, dann empfiehlt sich eine Teilung der Sitzschale und eine je nach Belastungsart flexible Gestaltung der Verbindungen.

## Coque et structure

*Il existe plusieurs possibilités de relier la coque d'assise et la structure porteuse. Pour obtenir un maximum de stabilité, autant la coque que l'ossature doivent être construites de manière aussi rigide que possible. Les points de jonction des deux éléments sont conçus de manière uniforme et autorisent à la rigueur une souplesse contrôlée. Pour obtenir, au contraire, une réaction différenciée de l'ensemble de la structure du siège aux différentes sollicitations exercées, il est conseillé de séparer la coque d'assise et d'assurer une jonction souple en fonction du type de sollicitation.*

## Antony chair, 1954

In two respects, the "pivotal" element in the construction of this chair is a large-diameter steel tube running horizontally beneath the seat shell. From it emerge, on the one hand, the four slimly proportioned legs that provide a stable stance. On the other hand, it bisects the two boomerang-like shapes of sheet metal to which the seat shell is attached at the end points. The dynamically curved metal profiles repeat the contours of the shell, yet at the same time maintain a distance from it. The bent plywood shell – seat and backrest in one – appears to be suspended in the base frame. But in fact the construction is so intrinsically stable that it is more accurate to speak of a seat insert fixed at four points.

Gleichsam der Dreh- und Angelpunkt in der Kontruktion dieses Stuhles ist ein unterhalb der Sitzschale verlaufendes, voluminöses Stahlrohr. Einerseits entwachsen ihm die vier deutlich schlanker dimensionierten Beine, die für einen sicheren Stand sorgen. Andererseits durchstösst es die formal entfernt an einen Bumerang erinnernden Blechprofile, an deren Spitzen die Sitzschale befestigt ist. Die dynamisch geschwungenen Profile zeichnen zwar die Konturen der Schale nach, halten aber zugleich deutlich auf Abstand zu ihr. Sitzfläche und Rückenlehne in einem Stück, wirkt die zweidimensional verformte Schale aus Sperrholz wie in das Untergestell eingehängt. Tatsächlich aber ist sie in sich so stabil, dass man eher von einer an vier Punkten fixierten Einlage sprechen muss.

La structure de ce siège est en quelque sorte articulée autour d'un tube d'acier volumineux situé sous la coque d'assise. D'une part, il est le point de départ des quatre pieds nettement plus minces qui assurent la stabilité du siège. D'autre part, le tube transperce les profilés de tôle dont la forme rappelle vaguement un boomerang. La coque d'assise est fixée de part et d'autre aux extrémités effilées des profilés. Les profilés aux lignes dynamiques reproduisent les contours de la coque, en restant toutefois à une certaine distance de celle-ci. Avec l'assise et le dossier en une pièce, la coque en contreplaqué moulé en deux dimensions a l'air d'être suspendue dans le piètement. En réalité elle est d'une telle stabilité qu'il faudrait presque parler d'un élément rapporté fixé en quatre points.

Antony University, cafeteria, 1954
Factory photo

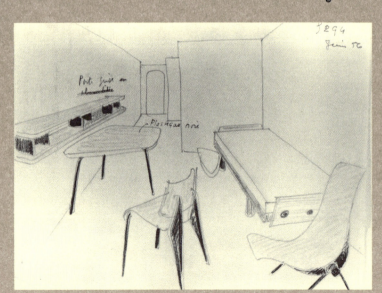

Student dormitory room, Antony University, project by Les Ateliers Jean Prouvé, 1956

# Plywood Chair LCM, 1946 | Lounge Chair, 1956

**LCM**
Four slender steel tubes connected at three points with rigid welds – a simpler, more elegant construction for a chair frame is hardly imaginable. The plywood seat panel and backrest, discretely moulded to fit the human anatomy, firmly support the sitting figure. The panels and frame are simultaneously connected and separated by round rubber mounts. Glued to the wood and screwed to the metal, they offer both stability and a measured degree of flexibility. The significance of the construction, beyond all of its formal qualities, lies in the resilient reaction to dynamic stresses afforded by the shock mounts.

**Lounge Chair**
The plywood shells act as self-supporting structures. The connecting points within the structure and with the floor – some of which are rigid, some flexible – seem like mere accessories. The shells are literally conceived as receptacles, first for the padding, then for the human body. The combination of semi-flexible structure and voluptuous padding, responding to every movement and allowing every possible sitting position, provides unsurpassed comfort.

*LCM*
Vier schlanke Stahlrohre durch drei biegesteife Schweissnähte miteinander verbunden – eleganter und mit geringerem Aufwand lässt sich ein Untergestell wohl kaum noch konstruieren. Sitzfläche und Rückenlehne aus Sperrholz, der menschlichen Anatomie folgend dreidimensional verformt, bieten dem sitzenden Körper Halt und Stütze. Verbunden und zugleich getrennt sind Schalen und Tragwerk durch runde Gummischeiben. An das Holz geklebt, mit dem Metall verschraubt, bieten sie sowohl Stabilität als auch ein dosiertes Mass an Beweglichkeit. In der dadurch möglichen elastischen Reaktion auf eine dynamische Belastung liegt, jenseits all ihrer formalen Qualitäten, die Bedeutung der Konstruktion.

*Lounge Chair*
Die Sperrholzschalen wirken wie selbsttragende Konstruktionen. Die teils steifen, teils elastisch-federnd konzipierten Verbindungen untereinander und zum Boden erscheinen daher als blosse Annexe. Die Schalen sind ganz wörtlich als Gefäss aufgefasst, zunächst für die Polsterung, dann für den menschlichen Körper. Die Kombination von teilweise elastischer Struktur und grosszügiger Polsterung, die jede Bewegung mitmacht, jede Sitzposition ermöglicht, bietet einen unübertroffenen Komfort.

*LCM*
Quatre minces tubes d'acier reliés entre eux par trois cordons de soudure rigides ; il serait bien difficile de construire un piètement plus élégant avec une mise en œuvre moindre. L'assise et le dossier, en contreplaqué moulé en trois dimensions conformément à l'anatomie du corps humain, offrent à l'utilisateur soutien et appui. La coque et l'ossature sont à la fois reliées et séparées par des disques de caoutchouc. Collés au bois et vissés dans le métal, ceux-ci assurent à la fois la stabilité et la souplesse nécessaire. C'est dans la réaction élastique à une charge dynamique ainsi assurée que réside, au-delà de toutes ses qualités purement formelles, le sens profond de cette structure.

*Lounge Chair*
Les coques en contreplaqué semblent être des constructions autoporteuses. Les jonctions entre les deux coques et avec le sol, certaines rigides et d'autres souples, semblent être de simples éléments annexes. Les coques sont comprises comme de véritables récipients qui accueillent d'abord le rembourrage avant d'accueillir le corps de l'utilisateur. S'adaptant aux mouvements les plus divers et permettant toutes les positions assises, la combinaison d'une structure en partie souple et d'un rembourrage généreux assure un confort sans égal.

Ray Eames in the garden of their house

Structure of LCM and Lounge Chair

Antony chair

LCM, Low Chair Metal base (Plywood Group)

Lounge Chair with Ottoman

**Chairs**  Stühle  Sièges

## Sling Seating

Textile seats have long played an important role in the history of furniture, most often in a decorative way or as padded upholstery. However, if the fabric is to assume a load-bearing function, specifically to carry the weight of the sitter, it must be put under tension. This can be achieved in two different ways: Either the fabric is drawn over the structural form of the seat like a tight-fitting stocking, or it is slung tautly between parts of a strong frame like a membrane. Both concepts reflect the principle of the hammock, whereby the fabric functions as if it were the second skin of the sitter. The seat follows the contours of the body – to different degrees depending on the framework and tautness of the fabric – rather than the reverse.

## *Bespannung*

*Textile Sitzflächen spielen in der Möbelgeschichte, vor allem als Schmuck und zur Verkleidung der Polsterung, seit langem eine wichtige Rolle. Soll das Gewebe hingegen eine tragende Funktion erfüllen, muss es, um die Last des sitzenden Körpers aufzunehmen, unter Spannung gesetzt werden. Dies lässt sich auf zweierlei Weise erreichen. Entweder überzieht der Stoff, einem enganliegenden Strumpf gleich, das Gerüst eines Sitzes, oder aber er wird, wie eine Membran, in einen kräftigen Rahmen eingespannt. Beide Konzepte folgen dem Prinzip der Hängematte, bei der das Gewebe gleichsam als zweite Haut des Sitzenden wirkt. Das Sitzmöbel formt sich, abhängig von der Struktur und dem Spannungsgrad des Textils, am Körper und nicht umgekehrt.*

## *Revêtement*

*Les assises en tissu jouent depuis longtemps un rôle important dans l'histoire du mobilier, notamment comme décoration ou comme revêtement du rembourrage. Si l'on attribue par contre au tissu une fonction de support, il devra, pour supporter la charge du corps assis, être tendu. Il existe deux méthodes permettant d'atteindre cet objectif. Soit le tissu est enfilé, tel un bas étroit, sur l'ossature d'un siège, soit il est tendu comme une membrane sur un cadre solide. Ces deux méthodes reposent sur le principe du hamac, où le tissu fait en quelque sorte office de seconde peau de l'utilisateur. C'est le siège qui se déforme en s'adaptant au corps, en fonction de la structure et du degré de tension du tissu, et non pas le contraire.*

Prouvé

## Cité armchair, 1930

The Cité armchair appears to have little in common with the classic armchair. Other images more readily come to mind, such as seats for automobiles or aeroplanes. Such associations may be primarily attributed to the chair's material characteristics, but also emanate from its austerity and dynamism. The first thing to draw one's attention are the broad, sharply arced runners made of sectional sheet steel. Leather straps are slung between their ends, forming armrests. Two horizontal cross-bars fix the runners in place and simultaneously support the actual seat. The textile sling of the seat, which is pulled tautly over a concealed tubular steel frame, gives it an aura of coherence, uniting seat and back in a continuous form. Constructed with ostensibly simple methods and materials, Cité projects the image of a tool for sitting, able to fulfil a variety of functions. The sitter finds this chair equally appropriate for relaxing or engaging in serious thought.

Wenig scheint der Sessel Cité mit einem klassischen Sessel gemein zu haben. Eher schon drängen sich andere Bilder auf, etwa solche von Auto- oder Flugzeugsitzen. Das mag vor allem an der Materialität liegen, aber auch an der Schlichtheit und Dynamik, die dieses Möbel ausstrahlt. Aufmerksamkeit erregen zunächst die breiten, hochgezogenen Kufen aus profiliertem Stahlblech. Zwischen ihren Enden sind Lederriemen gespannt, die als Armlehnen genutzt werden. Zwei Traversen fixieren die Position der Kufen und dienen zugleich als Auflage des eigentlichen Sitzes. Dank seiner textilen Bespannung, die straff über einen unsichtbaren Rahmen aus Stahlrohren gezogen ist, wirkt der Sitz, der Rückenlehne und Sitzfläche in einer durchgehenden Form integriert, wie aus einem Guss. Mit einfachen Mitteln und scheinbar minimalem konstruktiven Aufwand geschaffen, vermittelt der Sessel das Bild eines Sitzwerkzeuges, das mehreren Zwecken gerecht werden kann. Er lädt zum Entspannen ein und bietet sich gleichzeitig für konzentrierte Gedankenarbeit an.

Le fauteuil Cité semble posséder peu de points communs avec un fauteuil classique. Il évoque plutôt d'autres images, comme celles de sièges d'automobile ou d'avion, par exemple. Cette impression est essentiellement due aux matériaux utilisés, mais également à la sobriété et au dynamisme dégagés par ce meuble. Le regard est d'abord attiré par les larges patins remontants en tôle d'acier profilée. Des courroies de cuir tendues entre leurs deux extrémités font office d'accoudoirs. Deux traverses stabilisent la position des patins, le siège lui-même reposant directement sur ces traverses. Grâce au revêtement de tissu tendu sur un cadre invisible en tubes d'acier, le siège qui intègre le dossier et l'assise dans une forme continue semble moulé d'une seule pièce. À l'aide de moyens simples et d'une mise en œuvre technique apparemment minimaliste, le fauteuil évoque pour l'utilisateur un outil capable de remplir différentes fonctions. Il invite à la détente tout en étant parfaitement adapté à un travail de concentration et de réflexion profonde.

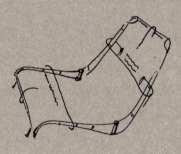

Student dormitory room at Cité Universitaire Monbois in Nancy, 1932

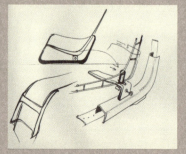

First sketches and details, Jean Prouvé

# Aluminium Chair, 1958

Charles and Ray Eames also addressed their intense energies to the topic of sling seating. The results of their experiments are manifest in the Aluminium Chairs. As an alternative to Prouvé's solution, they did not stretch the fabric across a rigid four-sided frame, but slung it between two cast aluminium side bows. Two dynamically shaped spreaders behind the back and underneath the seat hold the side frames apart. At the same time, they give rigidity to the entire construction, which relies on the ingenious interplay of its elements for stability. The curved spreader under the seat absorbs the stress applied to the chair and transfers it to the central column of the base.

Mit dem Thema Bespannung haben sich auch Charles und Ray Eames intensiv auseinandergesetzt. Das Ergebnis ihrer Forschungen ist in den Aluminium Chairs präsent. Alternativ zu der von Prouvé vorgeschlagenen Lösung haben sie die textile Bespannung hier nicht über einen an allen vier Seiten steifen Rahmen gezogen, sondern zwischen zwei seitlich verlaufenden Bügeln fixiert. Hinter der Rückenlehne und unterhalb der Sitzfläche halten zwei dynamisch geformte Spannbögen die Bügel auf Abstand. Gleichzeitig versteifen sie die gesamte Konstruktion, die erst durch das ausgeklügelte Zusammenspiel ihrer Elemente Stabilität gewinnt. Der unter der Sitzfläche angebrachte Bogen nimmt die auf das Möbel einwirkende Belastung auf und leitet sie gebündelt weiter zum Stuhlbein.

Charles et Ray Eames se sont également penchés longuement sur le sujet du revêtement de tissu. Le résultat de leurs recherches a été intégré dans l'Aluminium Chair. Contrairement à la solution préconisée par Jean Prouvé, ils n'ont ici pas tendu le revêtement en tissu sur les quatre côtés d'un cadre rigide, mais l'ont fixé entre deux étriers situés latéralement. Derrière le dossier et sous l'assise, deux barres de tension aux lignes dynamiques maintiennent l'écartement voulu entre les étriers. Ils consolident en même temps l'ensemble de la structure dont la stabilité est assurée par l'interaction judicieuse des différents éléments. La charge exercée sur le siège est absorbée par la barre fixée sous l'assise qui transmet ensuite les forces concentrées au piètement.

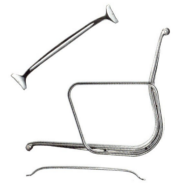

Experiments in the Eames Office, 1958

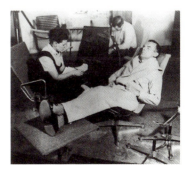

Charles and Ray Eames and Don Albinson, 1958

Cité armchair

Aluminium Chair EA 124 (Aluminium Group)

"Il est aussi intéressant de construire un meuble qu'une tour de trois cents mètres de hauteur."   JEAN PROUVÉ *

* J. P. Levasseur : Vers une pratique du projet dans la suite du cours Jean Prouvé

"Furniture design ... is a small piece of architecture one man can handle."

CHARLES EAMES

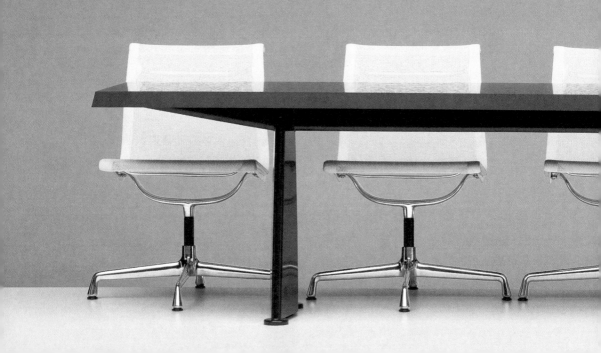

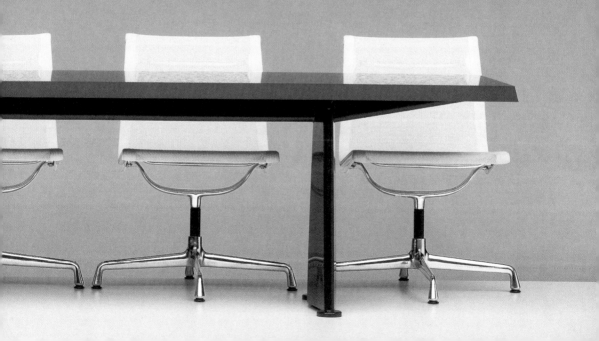

**Tables** Tische *Tables*

Previous page: Table Trapèze by Jean Prouvé with Aluminium Chairs by Charles and Ray Eames

**Legs and Feet**

**A top and a base: these are the elements which normally comprise a table. Depending on the construction of the base, the top either rests upon the supports and is carried by them, or else it is part of the static system, sharing loads and stresses. One or more legs always transfer the weight of the tabletop, as well as the dynamic stresses of usage, to the floor. Sometimes feet at the bottom of the legs spread the weight at floor level and maintain equilibrium. While the stability of a table is achieved by an even distribution of stresses, its comfort is evaluated in terms of the sitters' freedom of leg movement.**

Beine und Füsse

Eine Platte und ein Untergestell, aus diesen Elementen besteht für gewöhnlich ein Tisch. Abhängig von der Konstruktion des Untergestells ist die Platte eine blosse Auflage, die getragen wird, oder aber sie ist selbst Teil des statischen Systems, das Druck- und Zugkräfte aufnehmen muss. Stets leiten ein oder mehrere Beine das Gewicht der Platte sowie die Belastung, der sie beim Gebrauch ausgesetzt ist, zum Boden. Von Fall zu Fall sorgen Füsse in Bodennähe für eine Verteilung der Kräfte und den Erhalt des Gleichgewichts. Während die Stabilität des Tisches durch ein Austarieren der Kräfte erreicht wird, zeigt sich sein Komfort an der Beinfreiheit der Nutzer.

*Piètements*

*Une table est habituellement composée de deux éléments, un plateau et un piètement. En fonction de la structure du piètement, le plateau peut être un simple panneau porté par le piètement, ou bien faire partie intégrante du système statique et supporter les forces de pression et de traction. Un ou deux pieds transmettent toujours au sol le poids du plateau ainsi que la charge qui s'exerce sur eux lors de l'utilisation. Des pieds situés à proximité du sol peuvent parfois assurer une répartition des forces et le maintien de l'équilibre. Tandis que la stabilité de la table est obtenue par l'équilibre des forces en jeu, le confort d'une table dépend de la liberté de mouvement dont dispose l'utilisateur.*

Prouvé

# Guéridon, 1949/50

A solid, round tabletop is carried by three wooden legs, which are connected to one another slightly below the top by means of a triple-armed steel brace. A structural logic underlies the selection and combination of materials: wood receives the vertical pressure, steel the dynamic and torsional stresses. The slightly splayed position of the legs counteracts the tendency of the table to tip. The steel brace maintains the position of the legs even under stress. The sectional profile of the legs, tapering away from the joint in both directions, bundles the static stresses and makes them visually perceptible.

Eine massive, runde Tischplatte wird von drei hölzernen Beinen getragen, die nur wenig unterhalb der Platte durch einen dreiarmigen Stahlbügel miteinander verbunden sind. Die Auswahl und Kombination des Materials folgt einer konstruktiven Logik: Holz nimmt den Druck auf, Stahl die Zug- und Torsionskräfte. Die leicht gespreizte Stellung der Beine wirkt der Kippneigung des Tisches entgegen. Der Stahlbügel hält sie auch bei Belastung in der vorgegebenen Position. Durch den sich nach oben und unten verjüngenden Querschnitt der Beine werden die Kräfte gebündelt und in ihrem Verlauf sichtbar gemacht.

Un plateau rond massif est supporté par trois pieds en bois, reliés entre eux sous le plateau, à faible distance de ce dernier, par une "araignée à trois branches". Le choix et la combinaison des matériaux ont été réalisés selon une logique de construction : le bois absorbe la pression et l'acier les forces de traction et de torsion. La position légèrement inclinée des pieds vient contrecarrer la tendance qu'aurait la table à basculer. L'araignée en acier la maintient dans sa position même sous l'effet de la charge. Les pieds qui s'effilent à leurs deux extrémités concentrent les forces et les rendent visibles.

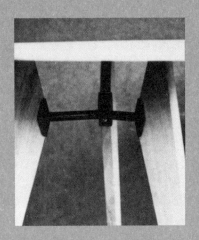

Guéridon, wood, metal crossbar, ca. 1945

Guéridon in Les Ateliers Jean Prouvé

50 **Tables** | Legs and Feet

# Eames Contract Tables, ca. 1950

With these tables, the notion of a universally functional baseframe is realised. Depending on its size and height, the base can be mounted under tables or chairs. It consists of three components. Four short protruding arms, mounted directly under the tabletop, receive the vertical stress. A steel tube transfers the pressure downwards, flowing into a four-footed strut-like aluminium base, which ensures a stable stance and passes the load through glider attachments to the floor. The alternate materials are distinguished by different colours. The formal characteristics of this construction may seem mundane, but they reflect a simple logic that can fulfil a variety of static requirements.

Hier ist die Idee eines universell einsetzbaren Untergestells verwirklicht. Je nach Grösse und Höhe lässt es sich unter Tische und Stühle montieren. Das Gestell besteht aus drei Komponenten. Vier kurze Kragarme nehmen, direkt unter der Tischplatte montiert, die Belastungskräfte auf. Ein Stahlrohr bringt sie gebündelt bis in Bodennähe, wo ein vierfach gespreiztes Fussteil aus Aluminium für Standsicherheit sorgt und die Last über Verdickungen, die einen Gleiter aufnehmen, in den Boden abführt. Der Materialwechsel wird durch einen Farbwechsel kenntlich gemacht. Die Form der Konstruktion mag unspektakulär erscheinen, sie folgt aber einer einfachen Logik, die vielerlei statischen Ansprüchen gerecht werden kann.

*Cette table est la réalisation concrète de l'idée d'un piètement universel. Selon sa taille et sa hauteur, celui-ci peut être monté sous des tables et des chaises. Le piètement est composé de trois éléments : quatre bras en porte à faux courts, montés directement sous le plateau absorbent les forces exercées par la charge. Un tube d'acier les concentre et les achemine vers le sol où un piètement cruciforme en aluminium assure la stabilité de la table et évacue la charge dans le sol, par le biais de renflements auxquels sont fixés des patins. Le changement de matériau est souligné par un changement de couleur. Si la forme de la structure est peu spectaculaire, elle est le fruit d'une logique simple capable de répondre à de multiples exigences d'ordre statique.*

Kitchen in the Eames House

Guéridon

Eames Contract Table

## Table "EM" (entretoise métallique), 1950

From a structural standpoint, this table is similar to Guéridon. However, the rectangular shape of the top demands four legs, made from hollow-bodied sheet steel, to provide balance. Once again, a steel brace connects the legs, but the static structure of the table is only complete in combination with the top. True of Guéridon, but even more evident here, is the way in which structural characteristics seem to have determined formal ones, even with regard to details. The design adheres to the aesthetic principles of necessity. It illustrates the flow of stresses and structural correlations in a manner otherwise observed solely in buildings designed by engineers.

Die Konstruktion des Tisches ähnelt im Prinzip der des Guéridon. Bedingt durch die rechteckige Form der Platte sind hier allerdings vier, als Stahlblechhohlkörper ausgebildete Beine notwendig, um den Tisch im Gleichgewicht zu halten. Wiederum stellt ein Stahlbügel die Verbindung zwischen den Beinen her, doch erst in der Kombination mit der Tischplatte ist das statische System perfekt. Deutlicher noch als beim Guéridon scheint die Konstruktion die Formgebung des Tisches bis in die Details hinein bestimmt zu haben. Der Entwurf folgt einer Ästhetik der Notwendigkeit. Er illustriert den Kräfteverlauf und die statischen Zusammenhänge auf eine Weise, wie man sie sonst nur von Ingenierbauten her kennt.

La structure de cette table ressemble en principe à celle du Guéridon. En raison de la forme rectangulaire du plateau, quatre pieds creux en tôle d'acier sont ici nécessaires pour assurer l'équilibre de la table. Un étrier d'acier relie les pieds entre eux, mais c'est bien la combinaison du piètement et du plateau qui assure le système statique parfait. Plus encore que pour le Guéridon, la structure semble avoir déterminé jusque dans les moindres détails la forme de la table. Cette realisation repose sur une esthétique de la nécessité. Elle illustre le jeu des différentes forces et les relations statiques comme ne le font habituellement que les constructions d'ingénieurs.

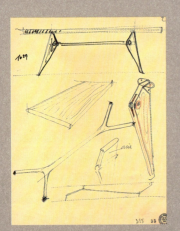
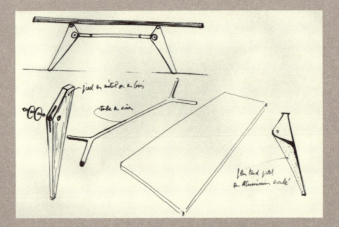

Sketches by Jean Prouvé

Sketches by Jean Prouvé

Early version of table "EM", photographed in Les Ateliers Jean Prouvé, ca. 1945

## Eames Segmented Table, 1964

The base for this table – or rather for a series of tabletops with extremely divers dimensions – is conceived as a modular system. Structurally reminiscent of the Contract Tables, its form is more closely related to the ergonomically moulded LaFonda base. The number of aluminium footpieces depends upon the size of the tabletop. Strong steel connectors hold the feet together securely. While the modular character of the base is emphasised with different materials, the tabletop remains unsegmented.

Ein modular konzipiertes Untergestell für Tischplatten unterschiedlichster Dimensionen. Konstruktiv den Contract Tables verwandt, steht es formal eher den organisch modellierten LaFonda-Gestellen nahe. Die Zahl der Fussstücke aus Aluminium ist abhängig von der Grösse der Tischplatte. Den Zusammenhalt der Fusspaare sichern kräftige stählerne Verbindungselemente. Während das Untergestell durch diesen Materialwechsel seinen modularen Charakter sogar noch unterstreicht, bleiben die Tischplatten ungeteilt.

*Un piètement modulaire à combiner avec des plateaux aux dimensions les plus diverses. La structure de cette table est analogue aux Contract Tables, mais les formes organiques rappellent plutôt les piètements La Fonda. Le nombre de pieds en aluminium est fonction de la taille du plateau. De solides éléments de jonction en acier assurent la fixation des paires de pieds. Tandis que le caractère modulaire du piètement est souligné par ce changement de matériau, les plateaux, eux, restent constitués d'une seule pièce.*

Base diagram of the segmented table expansion scheme, 1964

Table "EM"

Eames

Eames Segmented Table

Prouvé

## Table Granito, 1950

The heavy stone top rests upon a sturdy, rigidly constructed steel frame. Emerging from the frame's corners at a 135-degree angle, the hollow-sectioned legs are tapered downward. Protruding a few centimetres from underneath the top, they conspicuously demonstrate the stone's weight and its resting position upon the frame. Given the considerable length of the table, which seems to defy structural limits, the uniform strength of the construction is almost breathtaking. It imbues the obviously heavy piece with unexpected grace and elegance.

Die schwere, steinerne Tischplatte ruht auf einem soliden, biegesteif konstruierten Stahlrahmen. Aus seinen Ecken entwachsen, in einem Winkel von 135 Grad, die zum Boden hin spitz zulaufenden, aus einem Hohlprofil gefertigten Beine. Jeweils ein paar Zentimeter unter dem Rand der Tischplatte hevorgeschoben, illustrieren sie mit dieser Geste sowohl das Gewicht des Steins als auch den Zustand des Aufliegens. Angesichts der beträchtlichen Längenausdehnung des Tisches, die die Grenzen der Stabilität auszureizen scheint, wirkt die gleichmässige Stärke der Konstruktion geradezu bestechend. Dies verleiht dem offensichtlich schweren Möbel eine ungeahnte Grazilität und Eleganz.

Le lourd plateau de pierre repose sur un cadre en acier solide et rigide. Aux quatre coins apparaissent, dans un angle à 135 degrés, les pieds en profilé creux qui descendent en s'effilant vers le sol. Dépassant de chaque côté de quelques centimètres sous le bord du plateau, ils illustrent ainsi aussi bien le poids de la pierre que sa position, reposant sur les pieds. Au regard de la longueur importante de la table, qui semble vouloir défier les limites de la stabilité, la solidité homogène de la structure est particulièrement impressionnante. Ceci confère une gracilité et une élégance inespérées à ce meuble pourtant très imposant.

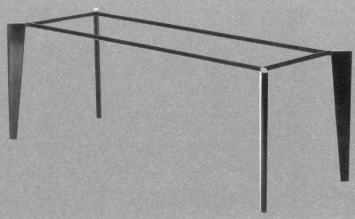

Table base

## Table Trapèze, 1950-54

The construction of this table is initially impressive by virtue of its imagery. The legs, two trapezoidal sections hollow sections of sheet metal functioning as hollow, box-like supports, appear at one glance like segments of an aircraft wing, at another like parts of a human figure. The latter association gains even more plausibility in view of the formal characteristics of the base's feet – flat, round metal disks that underlie the corpus of the legs on their narrow exterior edges. A central support, likewise formed as a hollow volume, runs directly beneath the tabletop, intersecting the legs and connecting them structurally. At the points of intersection, horizontally protruding arms at right angles to the central traverse anchor the top and prevent it from tipping. The top's thick canted edges further accentuate the almost archaic impression of massiveness and solidity. This table convincingly demonstrates the structural possibilities ensuing from three-dimensionally formed sheet steel.

Die Konstruktion dieses Tisches beeindruckt zunächst durch ihre Bildhaftigkeit. Die Beine, zwei statisch als Kastenträger funktionierende, trapezförmige Hohlkörper aus Blech, erscheinen bald wie Segmente eines Flugzeugflügels, bald erinnern sie an eine menschliche Figur. Eine Assoziation, die durch die formale Ausbildung der Füsse – flache, runde Metallscheiben, die dem Korpus der Beine an ihren Schmalseiten unterlegt sind – noch an Plausibilität gewinnt. Eine mittig direkt unter der Tischplatte verlaufende, ebenfalls als Hohlkörper ausgebildete Stütze durchstösst die Beine und verbindet sie statisch miteinander. An der Schnittstelle sorgen im rechten Winkel zur Stütze montierte, waagrechte Kragarme für eine kippsichere Verankerung der Tischplatte. Deren nach aussen hin abgeschrägten breiten Kanten verstärken den fast schon archaisch anmutenden Eindruck von Massivität und Solidität. Überzeugend demonstriert der Tisch die konstruktiven Möglichkeiten, die sich durch die plastische Verformung von Stahlblech ergeben.

La structure de cette table attire en premier lieu l'attention par son langage imagé. Les pieds, deux corps creux en tôle en forme de trapèze dont la fonction statique est celle d'une poutre caisson, rappellent tantôt les composants d'une aile d'avion, tantôt les contours d'une silhouette humaine. Cette association d'idées est encore renforcée par les disques métalliques plats qui sont placés de part et d'autre de l'extrémité inférieure de la partie effilée. Une traverse de soutien, également en corps creux, située directement au centre de la face inférieure du plateau sur toute sa longueur, transperce les pieds et les relie entre eux de manière à assurer l'équilibre statique. Au point d'intersection, des bras en porte-à-faux horizontaux, montés en angle droit par rapport à la traverse, assurent un ancrage stable du plateau. Leurs chants larges légèrement biseautés vers l'extérieur renforcent l'impression de meuble massif et de solidité, quasi archaïque. Cette table est une démonstration convaincante des différentes possibilités constructives qu'offre le pliage de la tôle d'acier.

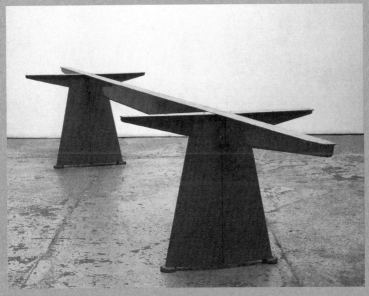

Table base

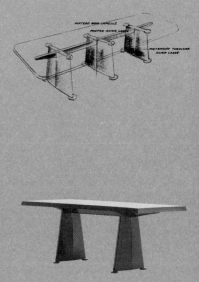

Technical drawing by Les Ateliers Jean Prouvé

Table Granito

Table Trapèze

Prouvé

**Miscellaneous** Diverse *Divers*

## Organic

A scintillating term with two different meanings in respect to design: from a strictly formal viewpoint, "organic" signifies something curved and rounded, moulded to fit the body, with smooth waves or dynamic curves, inspired by or imitating nature. Yet on an abstract level beyond its physical manifestation, "organic" connotes something as nebulous as the harmonious organisation of parts in relationship to the whole; or the ideal – because necessary – coalescence of form, material, and function.

## Organisch

Ein schillernder Begriff, der, bezogen auf die Gestaltung, zwei Bedeutungen hat. Rein formal betrachtet heisst organisch soviel wie gekurvt und gerundet, körpergerecht modelliert, weich fliessend oder dynamisch geschwungen, von der Natur inspiriert oder ihr nachgebildet. Jenseits der konkreten Form aber, auf einer abstrakteren Ebene steht organisch für etwas so schwer Fassbares wie die harmonische Organisation der Teile im Verhältnis zum Ganzen, oder die ideale, weil zwingend erscheinende Verbindung von Form, Material und Zweck.

## Organique

Un terme aux multiples évocations auquel on attribue deux significations dans le domaine de la création. D'un point de vue purement formel, organique a le sens d'incurvé et arrondi, adapté aux contours du corps humain, fluide ou aux lignes dynamiques, inspiré de la nature ou reproduction de celle-ci. Au-delà de cet aspect concret, à un niveau plus abstrait, le terme organique représente la notion difficile à cerner qu'est l'organisation harmonieuse des parties par rapport à l'ensemble ou la liaison idéale, car inéluctable, de la forme, du matériau et de la fonction.

Prouvé

## Prouvé Coupe-papier, ca. 1938

Regarded in the context of his entire oeuvre, Prouvé's letter-opener seems like a masterful finger exercise: so straightforward, playful and yet complete, as if it had emerged on the whim of a Sunday afternoon. It is a simple tool for folding, scratching and cutting, modelled in the blacksmith's forge, then ground and polished. Evolved from an abstract concept to a physical form, it meets all the requirements of good design: easily used, true to its material, and possessing an innate beauty. One might recognise the head of a bird in its shape – perhaps an Art Nouveau afterthought, perhaps a precursor of organic design.

Prouvés Briefmesser wirkt im Kontext des Gesamtwerks wie eine meisterliche Fingerübung. So simpel, beschwingt und doch vollendet, als entstammte es einer sonntäglichen Laune. Ein einfaches Werkzeug zum Falzen, Ritzen und Schneiden, in der Schmiede modelliert, danach geschliffen und poliert. Eine Form-(er)findung, die allen Design-Ansprüchen gerecht wird: funktional in der Handhabung, materialgerecht und von selbstverständlicher Schönheit. Einen Vogelkopf mag man darin erblicken, eine Spätgeburt des Jugendstils oder einen Vorläufer des Organic Designs.

Au regard de son œuvre complète, le coupe-papier de Jean Prouvé fait figure d'exercice de doigté exécuté de main de maître. Tellement simple, léger et parfait à la fois, on pourrait le croire né d'une inspiration subite, par un dimanche après-midi. Un outil simple pour plier, fendre et découper le papier, forgé, avant d'être affûté et poli. Une forme qui répond à toutes les exigences en matière de design : fonctionnelle, en harmonie avec le matériau utilisé et d'une élégance naturelle. On peut y voir une tête d'oiseau, une influence tardive de l'art nouveau ou un signe précurseur du design organique.

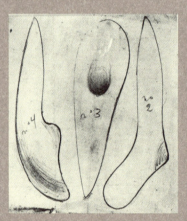

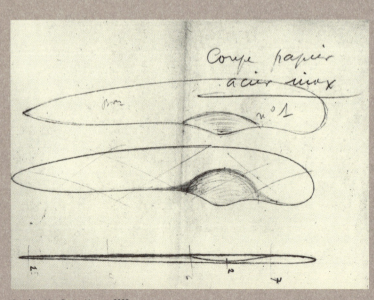

Re-edition Vitra Design Museum, 2002
Sketches by Jean Prouvé, 1938

Sketches by Jean Prouvé, 1938
Various models in cardboard, made by Pierre Missey, 1938

## Eames La Chaise, 1948

Given its memorable and unusual form, La Chaise could strike one more readily as an abstract sculpture than as a piece of seating furniture. The white, smoothly undulating shell begs to be touched, suggesting a mood of relaxation and inviting the viewer to take physical possession of it. The person who follows this invitation eventually discovers the myriad ways in which this shape can support the recumbent human body.
This free-standing seat sculpture, which has long established itself as an icon of "organic design," comprises three clearly distinguished parts. The double-walled fibreglass shell is supported in a fixed position by five chrome-plated steel rods. A wooden cross-base prevents the chair from tipping.

Man mag angesichts der ebenso einprägsamen wie ungewöhnlichen Form eher an eine abstrakte Plastik denn an ein Sitzmöbel denken. Die weisse, weich modellierte Schale verführt zur Berührung, sie suggeriert Schmiegsamkeit und lädt zum Besitzen ein. Wer der Einladung folgt, wird nach und nach entdecken, auf welch vielfältige Weise die Form dem ruhenden Körper Halt geben kann. Die raumgreifende Sitzskulptur, die sich längst als eine Ikone des "organic design" etablieren konnte, setzt sich aus drei klar voneinander getrennten Teilen zusammen. Die doppelwandige Fiberglasschale wird von fünf verchromten Stahlstäben getragen und in ihrer Position fixiert. Ein hölzernes Fusskreuz sorgt für Kippsicherheit.

*Les lignes aussi marquantes que surprenantes évoquent plutôt une sculpture abstraite qu'un siège. La coque blanche souple incite au toucher, elle suggère l'élasticité et invite à prendre place. Si l'on accepte cette invitation, on découvrira petit à petit les multiples formes de soutien qu'offre la chaise au corps au repos.*
*Ce "siège-sculpture" imposant, depuis longtemps un véritable symbole du design organique, est composé de trois parties bien distinctes. La coque en fibre de verre formée de deux coques reliées entre elles est supportée et maintenue dans sa position par cinq barres d'acier chromées. Un croisillon de piètement en bois assure la stabilité de la chaise.*

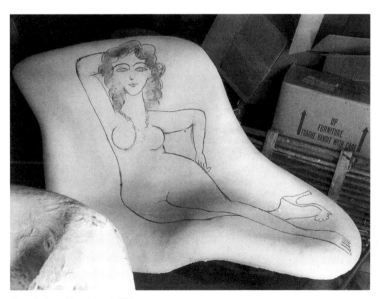

Gaston Lachaise, "Floating figure", 1927
Drawing on La Chaise by Saul Steinberg, 1950

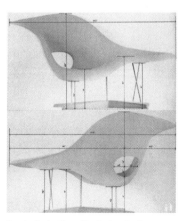

Drawing for the Competition for Low-Cost Furniture Design, Museum of Modern Art, 1948

Eames La Chaise / Prouvé Coupe-papier, Re-edition Vitra Design Museum, 2002 (polished stainless steel, size 21 x 5,5 x 0,5 cm)

**Miscellaneous** Diverse  Divers

## On the Wall

**The wall delimits and defines space. Surface texture, material, and colour have an influence upon the atmospheric qualities it creates. The wall is a stage. It lends itself to the display of objects, pictures, lamps, storage devices, and shelves. An item can usually be hung on the wall at just a few points, and resulting traces can easily be removed.**

## An der Wand

Die Wand begrenzt und definiert Raum. Ihre Oberflächenstruktur, Materialität und Farbe beeinflussen seine atmosphärischen Qualitäten. Die Wand ist eine Bühne. Sie bietet sich an als Träger für Objekte, Bilder, Leuchten, Ablagen und Regale. Für die Aufhängung an der Wand genügen in der Regel punktuelle Berührungen, deren Spuren einfach zu tilgen sind.

## Au mur

*Le mur limite et définit un espace. La structure de sa surface, son matériau et sa couleur influencent l'atmosphère qu'il contribue à créer. Le mur est une scène. Il peut accueillir des objets, des tableaux, des luminaires, des espaces de rangement et des étagères. Pour accrocher un objet ou un meuble au mur, il suffit d'une intervention très ciblée dont les traces sont ensuite faciles à effacer.*

Prouvé

## Potence, 1950

The elegance of this construction lies in the spare use of material, and in its consummate functionalism, achieved with minimal means:
A long, slender metal bar is screwed vertically to the wall. Protruding from it on pivoting joints with a wide angle of motion is a thin tubular steel arm. A steel wire support is attached to the arm at the point where its own weight and the cantilevered construction could compromise the stability of the metal tubing. An electric bulb is attached at the upper end.
On the other end of the steel tubing, which runs partially adjacent to the metal strip before emancipating itself from the wall and assuming its function as a handle for swinging the lamp into different positions, a spherical form is attached. The wooden knob fits well in the hand, obviates skin contact with the cold steel, and facilitates the adjustment of the light source in the room.

Die Eleganz dieser Konstruktion beruht auf dem sparsamen Einsatz des Materials, auf einer vollkommenen Funktionalität, die mit minimalen Mitteln erreicht wird:
Ein langer, schmaler Blechstreifen, vertikal an die Wand geschraubt. Daran beweglich befestigt, ein weit in den Raum ausgreifender, dünner Kragarm aus Stahlrohr. Wo bedingt durch Auskragung und Eigengewicht die Stabilität des Rohres nachlassen könnte, sichert ein Stahldraht den Arm, an dessen Spitze die lichtspendende Glühbirne befestigt wird. Auch am entgegengesetzten Ende des Rohres, das zunächst dem Blechstreifen folgt, ehe es sich, umfunktioniert zum kurzen Hebel, mit dem sich der lange Arm seitwärts schwenken lässt, von der Wand emanzipiert, erscheint eine kugelige Form. Ein hölzerner Knauf sorgt für Griffigkeit, bewahrt die Hand vor der direkten Berührung mit dem kühlen Stahl und erleichert das Justieren der Lichtquelle im Raum.

L'élégance de cette création est due à l'utilisation économique du matériau, à la fonctionnalité parfaite résultant des formes minimalistes : une longue bande de tôle vissée verticalement au mur. A cette bande est fixé un mince bras mobile en tube d'acier s'avançant dans l'espace. Là où la stabilité du tube pourrait diminuer en raison de la saillie et du poids propre, un fil d'acier fixe le bras dont l'extrémité porte l'ampoule. L'autre extrémité du tube qui longe tout d'abord la bande de tôle avant de s'éloigner du mur, formant ainsi un levier qui permet de faire pivoter le bras de côté, est également pourvue d'une forme ronde. Une boule en bois le rend plus maniable, évite le contact direct de la main avec la froideur de l'acier et facilite le positionnement du luminaire dans la pièce.

Potence, table Trapèze and chair Standard, 2001

## Hang it all, 1953

A decorative wall piece and practical hanging rack combined into one, Hang it all appears not only playful, but is also a carefully conceived device that seems to encourage orderliness in a child's room. A steel wire bent into a rectangular frame, fastened securely to the wall at four points, serves as the basis for a system of protruding hooks. Also formed out of bent wire and welded to the frame, these little arms of varying angular shapes are arranged in strict symmetry. The colourful wooden balls on the ends of the arm wires eliminate the possibility of injury. At the same time, they impart an unabashed cheerfulness to this finely proportioned and yet sturdy construction.

Dekorativer Wandbehang und praktische Hängevorrichtung in einem, erscheint Hang it all als ein bei aller Verspieltheit mit Bedacht konzipiertes Gebilde, das auf gleichsam spielerische Weise die Ordnung im Kinderzimmer fördert. Ein zum rechteckigen Rahmen gebogener Stahldraht bildet, an vier Punkten fest in der Wand verankert, die Basis für ein System auskragender Haken. Ebenfalls aus gebogenem Draht gefertigt, sind diese unterschiedlich ausgebildeten, aber streng symmetrisch angeordneten Kragärmchen fest an den Rahmen geschweisst. Die bunten Holzkugeln an ihren Spitzen beugen der Verletzungsgefahr vor. Zugleich verleihen sie der feingliedrigen und doch stabilen Konstruktion ihre fröhliche Anmutung.

*Décoration murale et porte-manteau pratique à la fois, Hang it all apparaît, en dépit de son aspect ludique, comme un objet créé avec réflexion, destiné en quelque sorte à encourager par le jeu le rangement dans les chambres d'enfants. Un fil d'acier courbé en forme de cadre rectangulaire, fixé au mur à quatre points, est la base d'un système de patères proéminentes. Bien que d'aspect différent, les patères également fabriquées en fil d'acier courbé, soudées au cadre, sont disposées dans un ordre strictement symétrique. Les boules de bois colorées qui en ornent les pointes assurent la sécurité et confèrent à cette construction filigrane et stable son caractère enjoué.*

A child's room, 1953

Potence

Hang it all, Re-edition Vitra Design Museum, 1997 (size 38 x 50 x 17 cm)

## Prouvé Collection

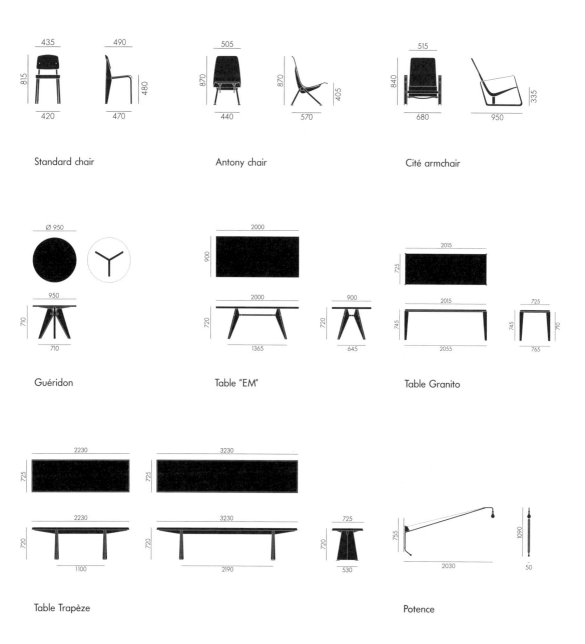

Standard chair

Antony chair

Cité armchair

Guéridon

Table "EM"

Table Granito

Table Trapèze

Potence

[Measurements in mm]

# Eames Collection (selection*)

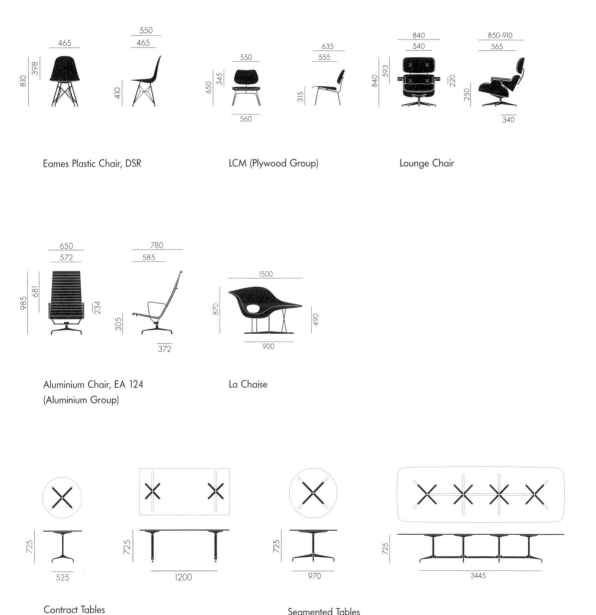

* For information about all products of the Vitra Eames Collection see www.vitra.com or call the your nearest sales office.

Jean Prouvé

Charles and Ray Eames

email: info@vitra.com
www.vitra.com

Vitra International AG
Klünenfeldstrasse 22
CH-4127 **Birsfelden**
Tel. 061/377 15 09
Fax 061/377 15 10

Vitra Ges.m.b.H.
Pfeilgasse 35
A-1080 **Wien**
Tel. 01/405 7514
Fax 01/405 7514 11

N.V. Vitra Belgium S.A.
Woluwelaan, 140 A
B-1831 **Diegem**
Tel. 02/725 84 00
Fax 02/725 83 60

Vitra AG
Klünenfeldstrasse 22
CH-4127 **Birsfelden**
Tel. 061/377 15 19
Fax 061/377 15 10

Showroom
Heinrichstrasse 267
CH-8005 **Zürich**
Tel. 01/277 77 00
Fax 01/277 77 09

Vitra koncept, s.r.o.
Komunardů 32
CZ-170 00 **Praha 7**
Tel. 02/667 12 755
Fax 02/667 12 754

Vitra GmbH
Charles-Eames-Strasse 2
D-79576 **Weil am Rhein**
Tel. 00800 22 55 84 87
Fax 07621/702 17 20

Vitra Hispania S.A.
Plaza del Marqués
de Salamanca n° 10-1° dcha
E-28006 **Madrid**
Tel. 91/426 45 60
Fax 91/578 32 17

Showroom
Plaza Comercial 5
E-08003 **Barcelona**
Tel. 93/268 72 19
Fax 93/268 81 39

Vitra
40, rue Violet
F-75015 **Paris**
Tel. 01 56 77 07 77
Fax 01 45 75 50 56

Vitra Ltd.
30 Clerkenwell Road
**London** EC1M 5PG-GB
Tel. 020 7608 6200
Fax 020 7608 6201

Vitra (Nederland) B.V.
Assumburg 73
NL-1081 GB **Amsterdam**
Tel. 020/517 44 44
Fax 020/646 23 32

Vitra International AG
41B, Boat Quay
**Singapore** 049830
Tel. 65/536 2189
Fax 65/253 5447

Vitra Inc.
149 Fifth Avenue
**New York**, NY 10010-USA
Tel. 212/539 1900
Fax 212/539 1977

557 Pacific Avenue
**San Francisco**, CA 94133-USA
Tel. 415/296 0711
Fax 415/296 0709

1327 5th Street
**Santa Monica**, CA 90401-USA
Tel. 310/652 7997
Fax 310/652 9127

360 Merchandise Mart
**Chicago**, IL 60654-USA
Tel. 312/645 1245
Fax 312/645 9382

Vitra Design Museum
Charles-Eames-Strasse 1
D-79576 **Weil am Rhein**
Tel. 07621/702 35 14
Fax 07621/702 31 46
shop@design-museum.com
www.design-museum.com